COMMENT SE CRÉE UN SANCTUAIRE

LETTRE

D'UNE PENSIONNAIRE

DU COUVENT DE L'IMMACOLATA

A NAPLES

A SON AMIE DU SACRÉ-CŒUR

A LYON

AVEC UNE LETTRE-PRÉFACE DE M. MARC-MONNIER

PARIS
SANDOZ ET FISCHBACHER, ÉDITEURS
33, RUE DE SEINE, 33

1876

LETTRE

D'UNE PENSIONNAIRE

DU COUVENT DE L'IMMACOLATA

A NAPLES

A SON AMIE DU SACRÉ-CŒUR

A LYON

PARIS. — TYP. DE CH. MEYRUEIS

13, RUE CUJAS

COMMENT SE CRÉE UN SANCTUAIRE

LETTRE

D'UNE PENSIONNAIRE DU COUVENT DE L'IMMACOLATA

A NAPLES

A SON AMIE DU SACRÉ-CŒUR

A LYON

AVEC UNE LETTRE-PRÉFACE DE M. MARC-MONNIER

PARIS
SANDOZ ET FISCHBACHER, ÉDITEURS
33, RUE DE SEINE, 33

1876

MONSIEUR FISCHBACHER

LIBRAIRE-ÉDITEUR, A PARIS

Mon cher éditeur,

J'ai reçu de Naples, avec prière de l'utiliser, le mince cahier que je vous envoie. Je l'ai lu avec le plus grand plaisir, et je voudrais bien savoir qui l'a écrit; l'auteur a voulu garder l'anonyme. Ce ne peut être un écrivain de profession; nous ne faisons pas si juste et si vrai. A chaque tour de phrase, nous montrons le bout d'oreille du scribe. Nous ne pouvons renoncer à nos habitudes, retenir les mots et les traits du métier; nous avons des coups d'aile qui, à chaque instant, font tomber nos masques. Nous sommes dénoncés surtout par la peine que nous nous donnons pour cacher notre art. Nos simplicités mêmes sont des tours de force, et quand nous avons des prétentions au réalisme, nous nous montrons bien moins réalistes que prétentieux.

Puisque ce n'est pas un écrivain de profession, qui donc a rédigé le manuscrit que je vous adresse? Est-ce bien réellement la lettre interceptée d'une pensionnaire de couvent? J'incline à le croire : il n'y a pas un mot dans ces pages que n'ait pu écrire une demi-religieuse en herbe, hésitant encore entre la béguine et le chignon. Son langage a des locutions étranges qui sont du français de Lyon et souvent de l'italien de Naples; il a de plus une odeur de renfermé. On y sent bien la vie du cloître, le monde à huis clos, les séductions de la religion fleurie, la fascination des miracles, la sensualité du confessionnal, la séquestration des consciences, le détournement et le recel de toutes les passions terrestres au profit d'une puissance qui se dit et se croit peut-être le ciel. Tout cela est dénoncé avec admiration par une créature naïvement exaltée, innocemment pervertie, qui ne croit pas mal faire et n'a un reste de scrupule que pour le plus gros de ses péchés. Il n'y a pas, dans son aveuglement, le moindre signe d'ironie; on voit que cette jeune fille est prise par tous ses sens. Elle nous répète avec tant de candeur et de sincérité ce que disent des milliers d'autres, qu'une feuille cléricale, sans penser nuire à sa cause, imprimerait volontiers les deux tiers de cette lettre et n'en bifferait que la fin.

En tout cas, si une main étrangère a rédigé cette étonnante confession, ce doit être une main de femme, et elle l'a fait avec une mesure, une vérité d'accent qui frapperont tous les lecteurs. Pas un mot d'auteur, pas un trait qui soit trop marqué, pas une note qui ne soit juste. Je vous engage donc à publier ces courtes feuilles qui méritent, à mon sens, un grand succès. Elles arriveront au bon moment : On ne saurait assez faire les cornes aux grands enfants qui vont à Lourdes.

MARC-MONNIER.

COMMENT SE CRÉE UN SANCTUAIRE

LETTRE

D'UNE PENSIONNAIRE

DU COUVENT DE L'IMMACOLATA

A NAPLES

A SON AMIE DU SACRÉ-CŒUR

A LYON

Ma chère amie, mon cher cœur, j'allais dire sacré, tant ces deux mots me semblent inséparables; tu te plains de la rareté de ma correspondance, tu ne te plaindras pas cette fois de sa brièveté. J'ai tant à te conter que si je laissais mon cœur s'écouler sous ma main, cela ferait une brochure, un volume; mais souviens-toi que je m'arrête court, que je n'ajoute pas un mot, si tu ne me promets solennellement, et devant la sainte Vierge, que tu n'iras pas faire l'indiscrète et livrer à la communauté ce qui n'est destiné qu'à toi seule.

L'abbé Martin nous disait, tu te le rappelles, qu'en toute chose il faut savoir distinguer. « Distinguons, mes filles ! » Eh bien, je suis son conseil, et je distingue entre les bonnes sœurs, supérieures, pensionnaires, élèves, en un mot, ce qui constitue *tout le monde* dans notre maison de la rue Saint-Joseph, et, mon amie, mon unique, ma confidente, ma compagne intime de peccadilles et de dévotions. Donc, il demeure entendu entre nous que tu liras ou conteras à la communauté, à ton choix, tout ce qui peut l'édifier, et que tu réserveras soigneusement pour toi seule certains *a parte* que pour plus de sécurité j'enfermerai entre parenthèses.

POUR TOUS

Comment donc, mes chères, il s'est trouvé parmi vous des amies assez malavisées pour me croire capable d'oublier la France, Lyon, notre Sacré-Cœur?

Je ne puis me retenir de vous faire à distance une petite moue réprobatrice, que j'accompagnerais d'un hochement de tête singulièrement expressif, si j'imitais mes compagnes napolitaines.

Sachez que celle que vous accusez a encouru la disgrâce de ses proches, puis des supérieures, les premiers mois, parce qu'elle refusait d'aller à la promenade sur le plus beau Corso du monde, dit-on, ou, quand elle y allait et que sa compagne de rang lui montrait la mer, elle s'écriait: « Mon Rhône! ma Saône!» et le Vésuve, elle disait : « Fourvières! Fourvières! » en répandant des larmes; oui, mes chères, de vraies larmes.

Mais je réfléchis que je ne t'ai point encore expliqué pourquoi ce n'est plus de chez mes parents, mais de l'*Immacolata* que je t'écris.

Ma famille, qui a conservé un cœur tout français et tout lyonnais, et qui n'attend que d'avoir encore un peu arrondi son petit capital dans le commerce qui va bien, pour cingler vers le rivage natal, ma famille, qui m'avait rappelée du Sacré-Cœur de Lyon après ma première communion, aurait bien voulu me garder à la maison, ma mère surtout. Mais, je te le disais dans ma dernière lettre, quand on a été, comme nous, élevée au couvent, on se sent toute dépaysée chez soi. Les vraies mères et les vraies sœurs, la vraie famille, celle des habitudes et celle du cœur, ce sont les religieuses et les compagnes. Et puis on est accoutumée à la messe tous les jours, à l'entretien des prêtres, à tous ces petits mystères, à toutes ces dévotions de la vie de couvent. On ne sait plus comment s'y prendre dans le monde et dans la famille, rien ne vous y intéresse, on s'y ennuie. On ne fait jamais bien que ce qu'on a fait dans l'enfance. Mes parents auraient dû toujours me garder auprès d'eux s'ils m'y voulaient une fois. Je ne savais pas me plier aux mille petits soins du ménage, à l'imprévu d'une vie qui n'est pas réglée heure par heure; les bouquets même que j'arrangeais pour notre petit salon avaient un certain air d'autel dont mes frères se moquaient. Mon père, c'est le plus brave homme du monde, actif, rangé, très-respectueux pour les choses de la religion, mais n'en usant que le dimanche. Mes frères aussi, qui l'aident dans ses affaires, sont d'honnêtes jeunes gens, qui ne cherchent jamais leurs plaisirs que dans la famille et à la maison. Ils se réjouissaient de mon retour; mais moi, je ne pouvais pas me faire à leur gaieté, à leurs plaisanteries, à ces promenades en famille le dimanche dans les jardins publics ou hors de ville, il me manquait toujours quelque chose. Que je te le dise entre nous; les hommes du siècle me semblent grossiers et fades auprès des prêtres, nos compagnons habituels. Avec les uns on ne parle que de choses profanes et l'on n'y a pas de goût ; avec les autres, on parle de choses saintes, et on se sent tout ému.

Bref, je languissais, je dépérissais. Mes parents ne pouvant pas me renvoyer coup sur coup à Lyon, m'ont trouvé ici une maison qui est à peu près l'équivalente de la vôtre, et m'y voici installée depuis quelques semaines. Je me trouve mieux ici qu'en famille, que veux-tu ? quand tu retourneras chez les tiens, tu feras la même expérience.

Nous sommes plusieurs pensionnaires françaises ; les Napolitaines sont presque toutes externes. En Italie on a moins qu'en France l'habitude de mettre les filles au couvent ; aussi pour y remédier, quelques bons prêtres ont eu l'heureuse idée de faire venir et d'établir un peu partout des *monache francese*, comme on les appelle ici, qui propagent les bons principes. Elles déploient beaucoup de zèle; il y en a pour les écoles, pour les hôpitaux; il y en a qui vont comme gardes-malades à domicile jusque dans les familles protestantes, où elles opèrent par-ci par-là quelques conversions. Nous en avons trois dans l'établissement et elles voudraient bien m'enrôler.

Le père Altamura et mon confesseur me disent aussi que j'ai la vocation, mais cela désole ma mère. Moi je n'en sais rien; je n'aime pas le siècle, mais le costume des religieuses me déplaît; il sied mal, et je n'ai aucun goût à m'occuper des pauvres ni des enfants. On verra. Pour le moment, je suis toute à la nouvelle dévotion, nouvelle pour

Naples, et qui reprend ici une fraîcheur qu'elle n'a plus en France ; mais, écoute : c'est une histoire si belle, que je veux te la conter de point en point.

Te souvient-il qu'aux interrogations mensuelles, on nous demanda un jour pourquoi la France était le premier des pays et que tu répondis : « — Parce que notre sainte Mère l'Immaculée l'a choisie pour y apparaître à la Salette et à Lourdes. » — Ce qui te valut un sourire approbateur de la supérieure et de l'abbé Martin. Eh bien, ma chère, ne va pas te fâcher et me déclarer mauvaise patriote... pour le culte de la Vierge l'Italie vaut bien la France, et Naples, Lyon. Il faut être juste et rendre l'honneur à qui l'honneur. Ces *barbares du Sud* comme tu les appelles, ces pauvres Napolitains nous en remontreraient.

Tu m'apprends que toi et les compagnes vous allez employer l'été à broder une belle bannière et qu'enrôlées dans la cinquante-sixième phalange des pèlerins de Lourdes vous irez visiter la grotte en septembre sous la conduite de sœur Euphémie. — Eh bien, moi, moi, ma chère, j'en reviens! J'y suis allée hier, j'irai demain et tous les jours du mois, et je bois à la source... Tu ouvres de grands yeux, tu ne me crois pas, tu te récries, tu appelles les sœurs... voici l'explication de ce mystère. J'attendais d'avoir vu, touché; tu sais que je suis un peu disposée au doute et que la mère Marthe m'appelait Thomas. Eh bien, j'ai vu, j'ai contemplé, j'ai bu, j'ai été en pèlerinage. Notre-Dame de

Lourdes n'est plus seulement aux Pyrénées, elle est ici à trois pas, à San Filippino; je vois son sanctuaire de ma fenêtre. Ma main tremble d'émotion, c'est la surprise que je te réservais et aux bonnes sœurs.

Mais reprenons les choses de loin : c'est une trop belle histoire pour en rien omettre.

Nous avons pour directeur spirituel de l'établissement le padre Altamura de la Compagnie de Jésus ; c'est un homme extraordinaire, un prêtre incomparable. Son âge, je l'ignore : quarante ou quarante-cinq ans ; il a l'âge de l'activité, de la clairvoyance, l'âge de toutes les saintes ambitions. On le croirait partout à la fois : de combien de pensionnats n'est-il pas le directeur, de combien d'églises le prédicateur ! Connu, recherché de toute la ville, toutes les dames sont suspendues à ses lèvres ; où il prêche elles se portent en foule. Il n'a jamais l'air de rien regarder, et cependant il a l'art de tout voir ; il salue vingt personnes à la fois, s'informe de tout, dit en passant à chacun le mot qui convient, caresse de la main le petit enfant dont il entretient la mère ou lui tend une médaille ou une image, et se laisse baiser l'autre par tous ceux qui défilent. C'est une jolie coutume ici et une marque de déférence envers le clergé qui nous manque en France. On n'aborde pas un prêtre sans lui prendre la main et la porter à ses lèvres. Les dames le font avec tant de grâce, même au confessionnal ! Au commencement de mon séjour, cela me coûtait et m'embarrassait, maintenant je m'y suis mise et il y a une main que je sens quelquefois trembler sous ma bouche; j'y reviendrai dans la parenthèse.

Le père Altamura qui a la langue *si bien pendue*, n'en aurait pas même besoin, tant il sait dire de choses avec les yeux, la tête, les bras, toute la personne. Tu n'as aucune idée, mon amie, de ce que c'est que la gesticulation napolitaine : de leurs deux sourcils courbés, froncés, du bout de leurs doigts pliés, tournés, enroulés, écartés, rapprochés, de la pointe de leur menton, de leurs épaules, les Napolitains font un langage entièrement muet pour nous autres étrangers et pour eux si intelligible que deux cochers de fiacre en se croisant dans la rue, et du haut de leur siége, sans prononcer une parole, se sont tout dit, où ils vont, d'où ils viennent, qui ils conduisent et à quel prix. Dans les magasins, les commis n'ont qu'à se regarder pour établir entre eux une entente qui change les prix sans que vous puissiez même vous en douter.

Ce langage aérien est au plus haut degré à la disposition du padre Altamura et il s'en sert jusque dans les cérémonies de l'autel pour donner des ordres et s'entendre avec le moindre clerc ou le sacristain qui allume les cierges. Car c'est un général de division que le père Altamura, il sait tout utiliser, employer tout le monde à ses fins, qui sont toujours bonnes! On parle dans la Vie des saints de ces ermites qui se faisaient servir par des ours et des lions, lui il obligerait les pierres mêmes à faire ses affaires. Sans empiéter sur la hiérarchie qu'il respecte trop, il trouve cependant moyen d'amener l'archevêque-cardinal à ce qu'il croit utile à l'Église. On dit même, mais il ne faut pas le répéter, que ce bon prélat ne serait pas fâché qu'on transférât ailleurs notre père A., car il devine en lui peut-être un succeseur. Justement en se rendant à San Filippino, il aurait prononcé ces paroles significatives : « Ceux qui ont l'air de commander ne sont quelquefois que les premiers à obéir. »

Père Altamura répète souvent un proverbe italien équivalent du nôtre français « il n'y a que le premier pas qui coûte. » *Non v'è che il primo fiore che costa alla primavera.*

Le tout, dit-il, c'est de commencer et de bien commencer ; la dévotion est une source qui ne tarira pas, il suffit de lui creuser tantôt un lit tantôt un autre.

Exemple :

Il y a près d'Ancône un pèlerinage célèbre : Notre-Dame de Lorette, tu l'as sans doute entendu nommer. Mais pour les provinces méridionales, c'est déjà bien loin, et puis il n'y a plus guère que les paysans qui le fréquentent et quelques étrangers. Padre Altamura, qui a visité Lourdes le printemps dernier, et qui a vu l'affluence de gens considérables qui s'y rendent de toute la France, a eu l'idée magnifique et vraiment patriotique de transporter cette dévotion dans sa propre patrie et de l'établir, non sur quelque sommet perdu et à peine accessible, comme le monte Vergine par exemple, bon pour les pâtres seuls, mais dans la ville même de Naples, un peu sur la hauteur, comme il convient à un sanctuaire, et cependant à portée du centre et à quelques pas du Corso, si bien que ceux que leurs affaires appellent des provinces dans la capitale y puissent du même coup bénéficier de ces nouvelles grâces, et que plus tard, venant à la grotte pour elle-même, ils fassent en même temps gagner la ville. N'est-ce pas là une merveilleuse combinaison, à la fois patriotique et religieuse? — C'est à Lourdes même, il faut le lui entendre raconter, que lui est venue cette inspiration vraiment céleste. Il a dit à notre supérieure, qu'il vient voir souvent et qu'il honore de ses saintes confidences, qu'il a eu là comme une vision prophétique : Il lui semblait voir des pèlerins accourir en foule des provinces à Naples, ses concitoyens le bénir, les marchands enrichis apporter leurs présents au sanctuaire, et un concours immense de peuple monter et descendre le long de la rampe de San Filippino, tandis qu'au-dessus de la vieille église décrépite et soudain rajeunie, la Vierge planait dans un nuage, et Pie IX laissait tomber sur notre initiateur en contemplation ces paroles de la sainte Écriture : « Cela va bien, mon fils. »

C'est cette vision qui lui a révélé l'existence de cette pauvre petite chapelle abandonnée dont il a fait le sanctuaire actuel.

En homme de zèle et d'action, il n'a pas perdu un moment pour exécuter son projet, s'arrêtant à Rome pour s'assurer que le Vatican y serait favorable. Il le trouva réservé ; on lui dit qu'on attendrait pour approuver de voir comment l'affaire prendrait. Un autre se serait découragé, mais Altamura n'est pas de ceux qui se retirent quand ils ont mis la main à la charrue ; sa foi est de celles qui transportent les montagnes et changent les déserts en lieux de délices et les vieilles voûtes dénudées en parvis resplendissants.

Aussitôt arrivé il s'est mis à l'œuvre. C'était justement le moment où Monseigneur, aidé de l'infatigable et méritoire Compagnie de Jésus, venait de consacrer tout Naples au Sacré-Cœur, dotant chaque église d'un de ces tableaux qui causent un doux frémissement, où l'on voit le Rédempteur la poitrine ouverte et le doigt posé sur son cœur percé, palpitant et saignant.

Padre Altamura obtint cette vieille chapelle, dont ce gouvernement profane allait peut-être faire un hospice, une caserne, une école, que sais-je ? comme il l'a fait de tant d'autres, et se mit en devoir de la ressusciter.

On repeint tout l'intérieur; on place notre Sacré-Cœur partout: en mosaïques de marbre au-dessus des bénitiers, en bois sculpté sur les confessionnaux et tout autour de la petite chaire d'acajou incrusté, un vrai bijou; et au-dessus de la grande fresque du maître-autel les deux cœurs s'entrelacent, soutenus par des anges, l'un percé de la flèche, l'autre entouré de la guirlande de roses.

Cette fresque qui occupe tout le fond de l'église a si bien réussi, la madone est si belle, sortant blanche et bleue des nuages comme l'aurore au matin, que le P. Altamura a été un moment tenté de l'appeler la Vierge de l'aurore, d'après un passage des prophètes, ce qui aurait été neuf. Mais il a craint d'introduire de la confusion dans l'esprit des visiteurs. Tu sais que la parure d'une église est comme celle d'une jolie femme, c'est par les détails qu'on en juge. Le P. Altamura ne l'ignore pas, et il n'a rien négligé pour donner à sa chapelle, cet air propret, soigné, élégant, qui attire le beau monde sans repousser l'autre. Jamais il ne permet qu'on laisse des fleurs fanées sur les autels, tout y est toujours reluisant et frais.

Tu t'étonnes peut-être qu'on ait laissé à l'église son vieux nom de San Filippino; tu le comprendrais si tu savais combien ces Napolitains tiennent à leurs antiques dévotions. Père Altamura a fait une série de prédications sur ce saint et nous a prouvé qu'il avait entrevu l'honneur qui serait fait à sa chapelle :

Un soir qu'il était en contemplation, une étoile s'était détachée du firmament pour venir se poser sur le maître-autel, et il avait compris par là que la madone y aurait un jour son sanctuaire et s'en était réjouie à l'avance.

C'était un vrai saint homme, celui-là. Figure-toi qu'il ne voulait jamais prendre le sein de sa mère le vendredi, pour faire maigre avec l'Église! Aussi on a bien raison de conserver sa dent. Mais pardonne-moi cette digression.

On a donc laissé l'image du saint dans une vitrine, et dans une autre plus grande et plus riche, en face, s'est installée celle de l'apparition de Lourdes : la madone charmante au milieu des rocailles, toute habillée de satin blanc et bleu, et Bernadette en paysanne qui la contemple. Tu connais la scène, mais je ne l'ai jamais vue si jolie. Ils ont à Naples un talent pour orner les églises que nous ne possédons pas en France, je suis fâchée de devoir le reconnaître. Nous, nous réservons les décors pour les salles de bals et de spectacles, eux savent parler à l'âme par les yeux. Quand viennent les solennités ils revêtent tout l'intérieur de draperies de mousseline et de soie, blanches, bleues, cramoisi à franges d'or et d'argent, avec des mouchets, des houppes, des plissés, des rosaces, des volants, des guirlandes de roses, tout cela s'enroulant et formant des A et des V, et des M, jusqu'au sommet de la voûte, d'où pendent des lustres de porcelaine d'un blanc et bleu mat. Quand on se trouve au milieu de ces constructions fantastiques on est ébloui ; tant de rayonnement, tant de couleurs... on se croirait dans le temple du soleil ou au seuil du Paradis. — Au fond, sur l'autel, la scène change avec les diverses fêtes : à Noël, les bergers en adoration avec des lumières phosphoriques autour de la crèche. A l'Épiphanie, les mages avec leurs chameaux, sans oublier l'étoile. Le vendredi saint, les trois croix et Marie-Madeleine. A Pâques, le sépulcre ouvert et les anges. Et ici, à notre San Filippino, la grotte, l'eau qui s'en échappe, la pastourelle, et une ravissante Immaculée, se détachant sur un fond de filigrane que des lampes placées derrière font resplendir.

Mais le P. Altamura ne s'est pas borné là. Il ne s'agissait pas d'imiter seulement ce qu'a fait pour Notre-Dame de la Salette une autre église de Naples, *Santa Maria degli Angioli* : d'obtenir quelques ex-voto, et de vendre quelques bouteilles d'eau. Notre directeur a plus d'ambition que cela pour sa madone; aussi qu'a-t-il imaginé? Il a fait creuser une grotte dans le roc même sur lequel est bâti San Filippino, s'est procuré le fac-simile exact de Lourdes, et des ouvriers pour l'exécuter, et une ravissante statue à y encastrer. Mais il fallait trouver l'argent nécessaire pour cette œuvre pie. Padre Altamura a son point d'honneur, il ne veut pas trop dépendre de l'archevêché, qui protége la Salette. Il s'est donc mis à faire le tour de toutes ses pénitentes des diverses paroisses de Naples, et comme il est mêlé à tout : mariages, placements, procès, éducation, et que tout le monde est son obligé, on n'ose rien lui refuser. « Ce que personne ne peut faire, que tous le fassent, » a-t-il dit. L'association a encore une fois montré sa puissance. Il a créé des espèces d'actions à un prix modique, qu'il a appelées *les actions de la Sainte Vierge*. C'était peu après la déroute des fonds turcs, où Naples et la province perdaient plus de soixante millions. Il a fait comprendre aux gens que tandis que les infidèles les ruinent, la madone est puissante pour remplir de nouveau la caisse de ceux qui lui consacrent avec foi leur dernière pite.

Les Méridionaux sont un peu lents à être persuadés quand il s'agit de mettre la main à la poche; pour en venir à bout Padre Altamura a institué le 25 de chaque mois un service destiné particulièrement aux dames. Notre couvent et quelques autres pensionnats qu'il dirige répondirent les premiers à l'appel; peu à peu il s'y est joint tant et tant d'âmes pieuses, que le marguillier a dû doubler le nombre des siéges. Celles qui veulent avoir part aux prières communes et aux autres grâces inscrivent leur nom sur un registre et font partie de l'association de Lourdes. P. Altamura a su rendre ce culte si captivant; il nous fait pleurer, il nous fait rire, il nous intéresse au progrès de l'œuvre en lisant la liste croissante des membres adhérents, en nous contant comment cette dévotion s'établit tout autour du golfe et dans les îles et à Caserte et jusque dans les Abruzzes. Voyez, mes chères, quelle gloire pour la France! Ne dirait-on pas que notre bonne sainte Vierge veut nous consoler de tous nos revers? Nous étions connus autrefois pour la nation la plus valeureuse, et maintenant nous allons l'être pour la plus dévote. N'est-ce pas là une belle compensation ? Aussi moi, je relève la tête, on ne m'appelle plus que la compatriote de Notre-Dame de Lourdes, et il faut voir quelle déférence mes compagnes italiennes me témoignent ! Au reste, cet hommage n'est pas le seul rendu ici à la piété française. A la cathédrale, le chapitre de saint Janvier assure qu'il n'y a pas de visiteurs plus convaincus du miracle et plus émus quand le sang commence à bouillir, que les Français. Presque tous les pèlerins qui vont à Rome baiser les pieds du Saint-Père font un saut jusqu'à Naples tout exprès pour assister à ce spectacle quand c'est la saison. Ils ne regardent rien, ni le Vésuve, ni le golfe, ils vont droit à la chapelle de saint Janvier et ils repartent quand c'est fini.

Puisque j'ai nommé le Saint-Père, permets-moi encore une digression. Altamura nous entretient sans cesse dans ces réunions familières. Il nous dit ses souffrances, sa patience, sa charité, sa fermeté indomptable. Les prophètes pensaient à lui dans ce passage : « Il sera fort comme le lion, doux comme l'agneau. » Comme il supporte les méchants qui l'ont dépouillé et qui le retiennent prisonnier ! Comme il accueille les pèlerins qui viennent déposer leurs offrandes à ses augustes pieds ! Et lui, devant qui le monde chrétien tout entier se prosterne, jusqu'aux hérétiques, il va se prosterner lui-même dans une grotte de Lourdes, toute pareille à la nôtre, qu'il a fait dresser dans son jardin du Vatican, avec une eau dont il boit son verre chaque matin. C'est un grand honneur pour notre madone d'être ainsi la préférée et comme la bien-aimée de Pie IX. Elle le lui rend en santé et en grand âge, et en honneur et en argent. Figurez-vous que depuis sa captivité notre saint Pontife a reçu presque autant que les fameux milliards que nous avons dû envoyer de l'autre côté du Rhin. Et cette somme que nous avons eu tant de peine à lâcher quand c'était un tribut forcé, on est tout fier et tout heureux de l'apporter en dons volontaires à Sa Sainteté.

Pie IX va couronner Notre-Dame de Lourdes, c'est la grande nouvelle de cette semaine... mais j'anticipe.

Il me reste à te narrer les trois cérémonies solennelles, les trois actes principaux de ce beau drame de Lourdes qui s'est joué ici.

Le premier, ce fut l'*ouverture de la*

grotte au mois de février, le jour commémoratif de l'apparition. Car tu sais que la sainte Vierge n'a pas choisi l'été où les montagnes sont trop fréquentées, mais l'hiver, pour se montrer à la petite bergère. Le cardinal est venu officier, il a pénétré le premier dans la grotte et l'a arrosée d'eau bénite et de priviléges. Puis Altamura qui dirigeait la cérémonie a fait entrer les jeunes filles dont la pureté plaît tant à notre mère, j'en étais, et il les a encouragées à lui présenter le vœu de leur cœur et à lui demander un bon époux; puis les matrones ont défilé, et enfin les chevaliers de Lourdes, dont je te reparlerai tout à l'heure.

Notre grotte est tout à fait comme la vraie : il y a de belles rocailles avec des plantes grimpantes et pendantes, des enfoncements mystérieux, le murmure d'une eau qu'il a fallu faire venir de loin, et qui vient remplir une fontaine et s'écouler par deux robinets dans un petit bassin de marbre blanc. On y a gravé les paroles de la Vierge : « Je suis l'Immaculée Conception ; va boire et te laver dans cette eau. » Un garçon stationne avec un verre pour ceux qui en veulent et un plat pour les offrandes. Vous comprenez qu'on est trop heureux de se faire donner pour quelques modestes sous de cette eau qui faisait des miracles dès le lendemain. Toutes sortes de gens viennent en chercher dans des vases et des cruches. Un petit garçon tout brûlé par ses vêtements qui avaient pris feu et déjà noir et calciné comme un charbon a été rendu à la vie et tout guéri, parce que son père, un homme de foi, au lieu d'aller chercher les médecins est accouru en prendre un seau. Et tant de maux d'yeux, de gorge, tant de fièvres, tant de paralysies qui attestent la puissance de cette source ! Chaque mois Padre Altamura nous en lit la réjouissante liste ! Cinquante miracles par mois, au moins ! Et cependant il reste encore bien des misères à Naples. Il n'y a pas une ville où l'on voie une pareille masse de pauvres gens, déguenillés, mendiants, impotents, enfants abandonnés : c'est affreux de parcourir les rues. J'en ai fait l'observation à notre supérieure. Elle m'assure que ce n'était pas comme cela du temps de l'ancien gouvernement. « Quand il y avait plus de foi, me disait-elle, c'est-à-dire quand il y avait dans chaque rue et ruelle, deux ou trois couvents de capucins, de trappistes, de moines et de nonnes de toutes sortes, que ce régime impie a fait fermer, les pauvres étaient secourus ; ils se rassemblaient tous les matins devant la porte où les attendait une belle écuelle de soupe et du pain à discrétion, et ils pouvaient se passer de travailler. »

La seconde cérémonie qui s'est faite il y a quelque temps a étonné tous ceux qui ne connaissent pas le génie inventif de Padre Altamura. Autrefois à Naples, du temps des vice-rois d'Espagne, puis des Bourbons, les nobles consacraient leur épée à la sainte Vierge le jour de l'Assomption. Comme nous sommes à une époque démocratique, P. Altamura a déclaré chevaliers de la madone tous les jeunes gens bien pensants sans distinction de rangs. Au commencement il a eu quelque peine à en trouver : les hommes sont si mauvais ! J'ai su par mes compagnes, dont plusieurs y ont leurs frères, qu'ils craignaient les moqueries et ne voulaient pas se laisser enrôler. Mais Altamura a si bien su persuader aux mères qu'il y allait de la carrière de leurs fils et de leur avancement dans le monde, que la madone a des grâces temporelles autant que spirituelles pour ceux qui se déclarent ses serviteurs, que beaucoup se sont laissé gagner. Alors il en a pris dix des plus fervents et les a conduits à Rome voir Sa Sainteté, qui les a reçus si bien, qui s'est informé de toutes leurs *circonstances,* leur a promis de les aider pour de bons mariages et le reste, qu'ils sont revenus tout enthousiastes et que c'est maintenant à qui parmi les jeunes gens se fera *chevalier de Lourdes.* Vous les verriez les jours de fête, bien vêtus, bien frisés, bien gantés, avec une jolie rosace à la boutonnière d'où pend la médaille, qui servent la messe à l'autel, vont chercher et accompagner l'archevêque à sa voiture, font la quête, font passer les bourses à travers toute l'assemblée, et édifient tout le monde par leur dévotion et leur bonne tenue. On a donc choisi un jour de fête. P. Altamura prêchait, et au moment convenu, il s'est écrié : — « Paraissez, belle jeunesse, espérance de l'Église et du pays ! » Et l'on a vu aussitôt se ranger de chaque côté du chœur une double file, non d'anciens chevaliers à l'épée dégaînée, mais de modestes adolescents, la bannière déployée et le cierge à la main. C'était si beau, si touchant, que leurs mères pleuraient, et toutes les autres auraient voulu y voir leurs fils.

Le troisième acte, nous l'avons eu avant hier après la première neuvaine du mois de Marie. Grands appareils, cloches, offices solennels, pèlerinages venus de tout le tour du golfe, va et vient de capucins, colléges de jeunes gens et de prêtres, couvents, pensionnats... rien n'y a manqué... Mais, l'inattendu, — il y en a toujours avec P. Altamura, — a été la cérémonie de clôture : *les trois couronnes*.

En ouvrant la neuvaine, il nous avait annoncé dans cet entretien familier qu'il intercale toujours entre les deux moitiés oratoires de son discours, l'intention de notre Saint-Père le Pape de couronner un des sanctuaires de Lourdes, et il avait ajouté par manière d'insinuation que ce serait bien désirable que quelque dame riche (mais y a-t-il encore des riches à Naples?) offrît une couronne à la madone, ou prît l'initiative d'un mouvement général pour en présenter une qu'on déposerait non sur sa tête, — cela n'appartient qu'au Vatican, — mais à ses pieds. Son vœu a été exaucé et au delà. Le dernier soir au milieu de l'illumination et de l'affluence générale et après qu'il eût prêché sur la reine

Des cieux,
De la terre
Et des enfers,

tout à coup on voit s'avancer devant l'autel ce qu'il a appelé trois petits anges d'innocence, trois petits enfants des meilleures familles, tout de blanc et de fleurs habillés, et portant sur trois coussins de velours, trois couronnes d'argent, qu'un des chevaliers de Lourdes est allé prose aux pieds de notre Immaculée. La piété des fidèles ne s'était pas bornée à une, elle en offrait trois ! Pleurs, enthousiasme, chapelets en l'air, et consécration nouvelle de toute l'assemblée, de toute la ville, de toute la province, du clergé, des pauvres, des riches, des lazzaroni, des pêcheurs, de tous à notre sainte Mère de Lourdes, *transplantée* ou plutôt *implantée* à San Filippino.

Ah ! quelle belle soirée ! J'aurais voulu vous y voir toutes.

La supérieure craignait qu'on ne prît en mauvaise part à Rome et qu'on ne regardât comme une usurpation ce demi-couronnement. Mais le père Altamura lui a répondu de manière à la rassurer, en se redressant et d'un accent incisif : — « Vous oubliez, ma sœur, que le Vatican, c'est nous. » Nous, il entendait la bienheureuse Compagnie de Jésus.

Que je ne néglige pas de t'informer, ce qui fera plaisir à sœur Lucie votre aimable maître de chapelle, que nous chantons aussi; c'est même le rôle habituel des pensionnaires de l'Immacolata, et notre principale occupation. Il y a tant d'églises et de paroisses, dont chacune a sa fête à célébrer, que nous qui chantons les hymnes nous passons notre temps à les préparer. Ma voix s'est encore développée dans ce climat, et l'on dit que j'ai un vraiment bel organe, don de Dieu qu'il faut lui consacrer, assurent les sœurs. Chose étrange, tandis que je ne trouvais pas un son quand mes parents me priaient de chanter pour leurs connaissances, je remplis de mon soprano tout le vase d'une église.

Ce gouvernement a eu beau en abolir la moitié, il reste encore tant de solennités à Naples, que ceux qui veulent en suivre une partie un peu consciencieusement, n'ont presque point de temps pour autre chose. Aussi je ne te parlerai pas de nos études à l'Immacolata, la liste n'en serait pas longue.

Mais venons-en à du plus intime. Souviens-toi que c'est ici que s'ouvre la parenthèse.

(Père Altamura, malgré toutes les grandes affaires qu'il a sur les bras est, bien le plus sympathique des hommes ; c'est un directeur sans égal. Au soin qu'il apporte à l'écouter, chacune de nous pourrait croire qu'elle est seule à l'occuper. Cependant il ne confesse aucune de nous et ne s'est réservé que la supérieure. A force d'intelligente bonté il lit au fond de votre âme comme dans un livre ouvert, rien ne lui échappe, vous êtes de verre devant lui. Il s'est bien vite aperçu que j'étais triste, que j'avais la nostalgie, et il m'a choisi pour confesseur un prêtre qui a fait ses études au séminaire de Grenoble, et qui, tout Italien qu'il est, parle le français comme sa langue maternelle. Tu comprends quelle découverte pour moi; il connaît tout Lyon, il y a dit sa première messe. Il est grand, beau, des yeux noirs à l'italienne et des regards qui vous percent de part en part. Quand il officie, on dirait que l'autel même se redresse et va toucher au ciel; je ne peux pas t'exprimer l'impression qu'il produit. J'ai craint un moment qu'on ne le donnât aussi à mes autres compagnes françaises, mais heureusement qu'il est tout pour moi.

(Comme la règle de la maison est de communier au moins toutes les semaines, cela me procure chaque samedi de longs entretiens avec lui que nous ne cherchons ni l'un ni l'autre à abréger.

(Je n'aurais peut-être pas osé répondre à toutes les questions qu'il me fait, mais Padre A. nous répète sans cesse ce passage de l'Évangile, « où le péché abonde la grâce surabonde, » et qu'il ne faut jamais avoir honte de tout avouer, que le prêtre en confessionnal cesse d'être un homme pour devenir Dieu lui-même, et que les confesseurs ont un tel amour des âmes qu'ils veulent les vider jusqu'au fond de tout ce qui s'y cache d'impur. « Mes filles, laissez-vous seulement faire, et l'on se chargera de votre salut. »

(Il est si pittoresque dans tout ce qu'il

dit : La semaine sainte il nous faisait l'instruction sur la confession, et il s'est servi d'une comparaison qui t'intéressera : « Avez-vous jamais vu les pécheurs retirer leur filet? Allez-vous-en le soir à la Marinetta assister à ce curieux spectacle. Avec effort ils tirent, la sueur tombe de leurs fronts,... et qu'amènent-ils? Trois pauvres petits rougets, de la grosseur du doigt! Sainte Vierge, quel désappointement se peint sur leurs figures allongées, quels soupirs ils poussent!... Mais qu'au contraire, dans les mailles du filet se débatte un pesant brochet, un magnifique turbot, un poisson long d'un mètre, et la joie éclate sur leurs traits.. Quels cris! quels hourrahs!

(Il en est de même de vos confesseurs, mes filles, ce sont des pêcheurs aussi,

Jésus les a ainsi nommés ; quand ils ne tirent de vos cœurs que de petites peccadilles, une médisance, un mensonge, une messe négligée, un manger gras en jour maigre... Est-ce que cela vaut la peine ! Non, mes filles, ce sont de bons gros péchés qu'il leur faut, de ceux qui vous font rougir sous votre voile et trembler derrière la grille. Ne soyez pas de ces *pinzochere*, qui ne vivent que de scrupules. Il faut vivre pleinement, fortement, joyeusement, de tout son cœur et de tous ses sens, et puis se confier et se confesser. A quoi servirait donc à notre sainte Mère son ample manteau de miséricorde, si ce n'était pour en couvrir les pécheurs et leurs péchés ? »

(Ainsi encouragée, j'ai avoué à mon confesseur, qui me le demandait avec instance, les livres que nous lisions ensemble à nous deux, quand sœur Euphémie dormait et que nous rallumions la chandelle, et comment nous réussissions à nous les procurer. Il a voulu que je les lui contasse d'un bout à l'autre, sans rien omettre des scènes d'amour et de passion, ni de l'impression que cela me faisait au corps et à l'âme. Il me répète toujours qu'il ne veut rien laisser en moi de toutes ces souillures, et que c'est pour cela que je dois lui tout dire. Mais j'arrive bientôt au bout de ma provision, et il prend un tel plaisir à m'écouter, que je te prie, ma toute bonne, de profiter de l'occasion de ma vieille tante Mariette qui va venir passer deux mois chez mes parents, pour m'envoyer en un paquet bien ficelé les G. Sand, les Paul de Kock, les A. Dumas, les Arsène Houssaye que nous n'avons pas encore lus : tu connais notre catalogue; je te recommande le plus petit format chemin de fer. Tu mettras tout autour quelques cravates de soie et du pain d'épice, pour le cas où l'enveloppe viendrait à se percer, et tu cachetteras soigneusement, avec de la bonne cire et ton propre cachet. Je brûle d'avoir quelque nouveau récit à faire à mon confesseur.

(Pour plus de sûreté, détache cette page et brûle-la, car votre directeur ne serait peut-être pas si indulgent que celui-ci. On ne comprend pas aussi bien la jeunesse en France qu'en Italie, on y a une autre manière d'entendre la morale.

(Ici ils disent que pourvu qu'on soit dévot à la sainte Vierge, qu'on porte sa médaille, qu'on ne manque aucune de ses cérémonies, il n'y a jamais rien à craindre : elle cache tout, elle couvre tout, et vous met à l'abri des langues et de l'enfer.

(Mon confesseur aussi m'assure que j'ai la vocation. Je ne sais : la seule que je me reconnaisse pour le moment, c'est celle d'être sa pénitente. Je croyais que les couvents ne se recrutaient plus en Italie... Erreur !... Il se fait encore en secret des prises de voile. Le Saint-Père, qui est au-dessus de toutes les autres puissances, y donne son assentiment, le cardinal sa bénédiction, et les filles qui se sentent appelées échappent à ce que notre supérieure appelle, « la tyrannie du siècle, » et pénètrent dans les monastères par les petites portes réservées aux initiés. Mais c'est là un secret d'État que je te confie : juge s'il faudrait l'aller divulguer. Le gouvernement, qui compte que dans peu d'années la mort aura moissonné toutes les religieuses, sera bien attrapé de les voir toujours jeunes et fraîches! Il en sera comme de l'huile de la veuve de Sarepta, qui ne tarissait pas dans le vase.

(Adieu, ma bien chère; quand il y aura quelque chose de nouveau, je te le communiquerai. Souviens-toi bien de la parenthèse et de mon paquet)

***

FIN

Paris. — Typ. de Ch. Meyrueis, 13, rue Cujas.

EN VENTE A LA MÊME LIBRAIRIE :

HUBER (J.). — *Les Jésuites.* Leur histoire, leur doctrine, leurs pratiques, leur action politique et religieuse. Traduit de l'allemand par Alfred Marchand, rédacteur du *Temps.* 3e édition. 2 beaux vol. in-18. . . . . 7 fr.

EXTRAIT DE LA TABLE DES MATIÈRES : Livre I. Fondation de l'Ordre. — II. Constitution de l'Ordre. — III. Action politique et ecclésiastique de l'Ordre. — IV. Missions chez les païens. — V. L'Ordre de Jésus et l'Eglise catholique. — VI. Doctrines et pratiques religieuses de l'Ordre. — VII. Instruction et éducation, sciences et arts. — VIII. Le Jansénisme et l'Ordre de Jésus. — IX. Suppression de l'Ordre par Clément XIV.

MARC-MONNIER. — *Le Docteur Gratien.* Comédie de marionnettes. 1 brochure in-18, imprimée par Fick (de Genève) . . . . 1 fr.

— *Théâtre de Marionnettes.* Au lecteur. — Polichinelle (1852). — La Princesse Danubia (1855). — Le Roi Babolein. — Régina (1859). — Le Curé d'Yvetot (1861). — Paillasse (1865). — L'Equilibre (1867). 1 beau vol. in-24 double couronne, papier vélin . . . . 3 fr. 50
Papier teinté . . . . 5 fr. »

ZELLER (ED.). — *La Légende de Saint-Pierre,* premier évêque de Rome. Ouvrage traduit de l'allemand par Alfred Marchand, rédacteur du *Temps.* 1 vol. in-12. . . . 1 fr. 50

7471. — Paris. Typ. de Ch. Meyrueis, 13, rue Cujas. — 1876.

www.ingramcontent.com/pod-product-compliance
Ingram Content Group UK Ltd.
Pitfield, Milton Keynes, MK11 3LW, UK
UKHW021144230726
13926UKWH00002B/912